Dr MACQRET

De la Faculté de Paris,
Ex Médecin délégué de la Préfecture de police,
de l'Assistance publique de Paris,
etc.
Officier d'Académie.

LE Bréviaire de la Nourrice

PARIS
SOCIÉTÉ D'ÉDITIONS SCIENTIFIQUES
4, rue Antoine-Dubois, 4
PLACE DE L'ÉCOLE DE MÉDECINE

1898

Le Bréviaire

DE LA

NOURRICE

PAR LE

Dr MACQRET

De la Faculté de Paris
Ex-Médecin délégué de la Préfecture de police,
de l'Assistance publique de Paris, etc.
Officier d'Académie

PARIS
SOCIÉTÉ D'ÉDITIONS SCIENTIFIQUES
4, rue Antoine-Dubois, 4
PLACE DE L'ÉCOLE DE MÉDECINE

1898

LE BRÉVIAIRE

DE LA

NOURRICE

LE BRÉVIAIRE
DE LA
NOURRICE

PAR LE

Dr MACQRET

De la Faculté de Paris

Ex-Médecin délégué de la Préfecture de police,
de l'Assistance publique de Paris, etc.
Officier d'Académie

PARIS

SOCIÉTÉ D'ÉDITIONS SCIENTIFIQUES
4, rue Antoine-Dubois, 4
PLACE DE L'ÉCOLE DE MÉDECINE

—

1898

PRÉFACE

Si nous recherchons les motifs de la dépopulation progressive de la France, nous trouvons en première ligne l'insuffisance des naissances et la mortalité considérable des nourrissons.

Il ne nous appartient pas de juger la première de ces causes et encore moins d'y porter remède ; mais, en ce qui regarde la mortalité des enfants, évaluée à 50 % pendant la première année, par notre distingué inspecteur départemental, le Dr Barthès, j'estime que notre devoir est d'agir contre cette calamité, par tous les moyens en notre pouvoir.

Quelles sont les causes de cette mortalité excessive ?

Si nous nous en rapportons aux faits observés par nos collègues et par nous-même, nous constatons que ces décès sont dus, pour la plupart, soit à une alimentation mal comprise, soit à une hygiène défectueuse.

Beaucoup de nourrices ignorent en effet, les principes les plus élémentaires de l'hygiène dont l'application au nouveau-né est cependant aussi utile que l'alimentation ; elles paraissent ignorer que l'enfant meurt aussi bien par *infection* que par *indigestion.*

Combien il est regrettable que ces notions ne soient pas enseignées à l'école! car je ne vois pas en quoi elles ne seraient pas aussi nécessaires à une jeune fille destinée à devenir une mère de famille, que l'étude de certaines sciences dont l'utilité est encore à démontrer.

Il nous a semblé qu'il y avait là une lacune à combler et nous avons pensé faire œuvre utile en laissant entre les mains des nourrices dont nous avons la surveillance, ce petit livre simple, méthodique, dénué de toute prétention scientifique; mais où se trouvent les règles indispensables de l'hygiène si nécessaires à l'enfant.

Que les nourrices lisent attentivement ces quelques pages, qu'elles obéissent aux préceptes que j'indique et je suis convaincu d'arriver, avec leur concours, à sauver quelques existences.

Je serai, ainsi, largement récompensé!

Dr MACQRET.

15 octobre 1897.

LE BRÉVIAIRE

DE LA

NOURRICE

CHAPITRE PREMIER

NAISSANCE DE L'ENFANT

Première toilette. — Aussitôt après la ligature du cordon, on met l'enfant dans un bain à la température du corps (37°) en le tenant par le cou et les jambes. Une fois dans le bain, on le frotte de la main droite armée d'un savon ordinaire pour enlever l'enduit graisseux, tandis que la main gauche, appliquée sous le cou, continue à maintenir le nouveau-né.

On le sort de l'eau, on l'enveloppe dans des linges chauds pour le sécher.

S'il reste de l'enduit sur la peau, on l'enlèvera les jours suivants, en le graissant avec de l'huile ou de la vaseline.

Pansement du cordon. — On panse ensuite le cordon à l'aide d'un carré de toile fine simplement recouvert de vaseline boriquée et maintenu par une bande de toile ou de flanelle roulée autour du ventre. Le petit carré de toile sera changé tous les jours.

Le cordon tombe généralement du 3e au 6e jour ; le plus souvent du 4e au 5e.

Si l'ombilic, au lieu de se cicatriser promptement, laisse échapper un liquide sanguinolent, la nourrice devra faire appeler le médecin qui aura peut-être à débarrasser le nombril d'un petit **polype**.

HABILLEMENT

Maillot. — Le maillot aura été préparé quelques jours à l'avance et se composera :

1° D'une chemise ;

2° D'une brassière de flanelle ;

3° D'une brassière de piqué ;

4° D'une bande de flanelle de 1^{m}20 sur 12 cent. de large ;

5° De chaussons de laine dont on peut se dispenser, mais qui sont utiles dans la saison froide ;

6° D'une couche de toile fine ;

7° D'un lange de laine ou de molleton ayant 0^{m}70 sur 0^{m}80 cent.

8° D'un petit fichu;

9° (A volonté) d'un cache-maillot, sorte de grande robe ouverte dans toute sa hauteur, en piqué ou autre tissu et se fermant de dos;

10° D'un bonnet de mousseline.

Manière d'habiller l'enfant. — Si c'est en hiver, la nourrice, tenant l'enfant sur ses genoux, se place de façon que les pieds du nouveau-né soient tournés vers le feu, afin de préserver la tête de la chaleur.

On passe alors les unes dans les autres, les manches de la chemise et des brassières pour les mettre en une seule fois : le piqué en dessus, la brassière de flanelle au-dessous, la chemise directement sur la peau.

Avec l'index et le pouce de la main gauche, introduits dans la triple manche, on prend toute la main de l'enfant dont le bras est soutenu par les doigts de la main droite.

Sans mouvement brusque, on engage alors le bras et on fait de même de l'autre bras.

Une fois la poitrine couverte, on panse le cordon, comme je l'ai indiqué plus haut.

On étend alors la chemise et les brassières pour qu'elles ne fassent aucun pli et on les referme ensuite sur le dos en les entrecroisant.

On place l'enfant sur le lange de laine et la couche de toile pliée en fichu, de façon que les bords soient au niveau des aisselles.

On prend la pointe du fichu formée par la serviette-couche, pour la ramasser entre les jambes, puis une des pointes latérales est repliée sur le tronc et enfin la troisième pointe finit par l'entourer.

Pour le lange de laine, on croise les deux extrémités supérieures sur la poitrine, puis, à 10 centimètres des pieds, on forme deux plis obliques qui permettent de relever le lange sur la poitrine et de le fixer ensuite sur le dos.

Enfin le fichu est placé autour du cou.

Il est bon de mettre des chaussons de laine pour préserver les pieds du contact de la toile mouillée par l'urine de l'enfant.

Je ne saurais trop recommander :

1° De laisser le maillot assez long pour que les pieds n'en touchent pas le fond ;

2° D'éviter les plis des étoffes sous les bras ;

3° De ne pas mettre la couche en tampon entre les jambes ou de la rouler autour des membres en la serrant.

La **bavette** constitue le complément facultatif du maillot.

Les **colliers** sont inutiles.

LE COUCHER

Le Berceau — L'enfant emmaillotté sera couché dans son berçeau et non dans le lit de la nourrice qui, pendant son sommeil, pourrait l'étouffer, ainsi que cela est arrivé. Il faudra apporter le plus grand soin à la confection du berceau, puisque c'est là que l'enfant passera pendant les premiers temps, la plus grande partie de son existence.

Le berceau le plus propre, le plus économique est la **barcelonnette en fer**.

Si on se sert d'un berceau en osier, on le posera sur des pieds pour éviter l'humidité de la terre et les bords seront assez hauts pour parer aux chutes possibles du nourrisson.

La Literie. — Elle se composera d'un ou deux **paillassons** de paille de maïs, de fougère, de préférence à la balle d'avoine qui s'émiette trop facilement et se transforme en poussière gênant la respiration de l'enfant.

La toile du paillasson sera fendue en longueur, pour permettre d'aérer et de remuer, chaque jour, la matière qu'elle contient.

Les paillassons mouillés seront désinfectés à l'eau bouillante et séchés ensuite dans un courant d'air en hiver, et au soleil en été.

L'**oreiller** sera composé de crin ou de varech. Jamais on ne se servira de plume, de toile cirée, de caoutchouc, de peaux de mouton et surtout de vieux linges qui entretiennent dans le berceau de l'humidité et une certaine odeur.

L'enfant sera légèrement couvert.

Les **rideaux de lit** ne seront jamais fermés ; ils seront en étoffe légère qui, tout en adoucissant la clarté de la lumière, permettra à l'air de passer librement à travers.

En hiver, le lit sera bassiné à l'aide d'uue bouteille de grès remplie d'eau chaude qu'on laissera à proximité des pieds de l'enfant.

L'enfant sera couché sur le côté afin de faciliter les vomissements qui viendraient à se produire.

Heure du coucher. — Pendant les six premières semaines, l'enfant ne faisant que prendre sa nourriture et dormir, il n'y aura pas d'heure pour le coucher ; mais ensuite, il sera bon de le régler en le mettant dans son berceau à la chute du soleil, vers 7 ou 8 heures, pour le lever au jour.

La Chambre. — Le berceau sera placé à l'abri de tout courant d'air, dans une chambre bien éclairée, bien aérée et pourvue d'une cheminée. La température ambiante sera de 18° à 20° et les croisées seront ouvertes toutes les fois que le temps le permettra.

CHAPITRE II

PRÉSENTATION ET ÉTUDE DU NOUVEAU-NÉ.

Poids. — Le poids moyen est de 6 livres au moment de la naissance. Il diminue de 100 grammes pendant les deux premiers jours, pour regagner cette perte pendant les cinq jours suivants, de telle sorte que, à la fin de la première semaine, le poids est identique à celui de la naissance.

Taille. — La taille est en moyenne de $0^{m}50$. Les petites filles sont généralement plus petites que les garçons.

Peau. — La peau, non habituée au contact de l'air, est rouge, congestionnée, devient plus ou moins jaune, puis pâle, et arrive, en quelques jours, à une teinte rosée normale.

Yeux. — Pendant les premiers jours de la vie, quelques enfants louchent légèrement. Il ne faut pas s'en inquiéter: cette anomalie disparaît le plus souvent aussitôt que le nouveau-né commence à regarder.

Les yeux sont attentivement surveillés et, à la moindre inflammation, la nourrice fera appeler son médecin pour savoir si l'enfant ne serait pas menacé d'une affection grave (**ophtalmie**) pouvant compromettre la vue.

Sommeil. — Il survient en général après la tétée. L'enfant dormira dans son berceau et non sur les genoux de la nourrice.

Cris. — L'enfant doit crier par instants, mais les cris qui, en somme, constituent son langage, doivent être **peu forts** et **courts.** S'ils sont intenses et prolongés, ils indiquent que l'enfant souffre de la faim, du froid, des coliques ou de la gène dans ses vêtements.

En pareil cas, il faut, après avoir allaité l'enfant, le réchauffer s'il a froid, se rendre compte de la façon dont il est emmaillotté et examiner s'il ne serait pas piqué par une épingle.

Coliques. — Si la nourrice suppose que l'enfant a des coliques, elle pourra lui donner quelques cuillerées d'une infusion de tilleul chaude, de préférence à l'eau de fleurs d'oranger qui peut être nuisible lorsqu'elle est mal préparée.

Selles. — Pendant les trois premiers jours, les selles sont composées de **méconium,** liquide verdâtre, sirupeux, accumulé dans l'intestin avant la naissance. Les jours suivants, elles doivent être, sans **odeur forte, molles, bien liées, d'un jaune clair** et présenter l'aspect d'œuf brouillé.

Les selles sont de 2 à 4 par 24 heures chez le nouveau-né et de 1 à 3, vers deux mois.

Dentition. — Les **dents de lait,** les seules qui doivent nous occuper ici, sont au nombre de 20. Elles sont loin d'apparaître à des dates précises. Tandis qu'on en observe parfois à la naissance, les mêmes se montrent chez d'autres enfants vers six mois. Elles apparaissent généralement dans l'ordre suivant :

Les 4 incisives moyennes.....	*vers*	*6 mois.*
Les 4 incisives latérales......	*vers*	*9 mois.*
Les 4 premières petites molaires	*vers*	*12 mois.*

Les 4 canines .... *vers 15 mois*
Les 4 deuxièmes petites molaires vers 18 mois

Soit 20 dents à 18 mois

Les dents de la mâchoire inférieure percent généralement avant leurs homonymes de la mâchoire supérieure.

Accidents de dentition. — Parmi les accidents attribués si volontiers à la dentition, il faut rechercher la **diarrhée** et une fièvre parfois intense pouvant exposer à des accidents **méningitiques**. La dentition étant une cause de **troubles digestifs, il ne faut jamais cesser l'allaitement au moment de l'éruption dentaire,** mais bien, soit après la sortie des premières petites molaires, soit après celle des canines, ou mieux encore après l'éruption complète des dents de lait.

Si une dent, **prête à percer,** paraît occasionner chez l'enfant des douleurs assez vives, il sera bon d'inciser la gencive pour aider la dent à sortir plus vite et mettre ainsi un terme aux souffrances du nourrisson.

CHAPITRE III

HYGIÈNE DU NOURRISSON

Les rougeurs, les excoriations de la peau, les accidents consécutifs à la constipation, cet aspect étiolé que possèdent certains enfants tenus trop sédentaires, devront toujours être évités, si la nourrice se conforme aux préceptes suivants :

Soins de propreté de la peau. — Chaque matin, s'il est possible, on donnera un bain tiède de quelques minutes à l'enfant. Si non, on le lavera à l'aide d'un linge de toile fine imbibée d'eau plutôt froide que chaude, et **rapidement,** pour éviter tout refroidissement.

Ces lavages ont le grand avantage d'entretenir les fonctions de la peau, de la rendre moins sensible aux variations de température et d'assurer à l'enfant une santé ferme et robuste.

Après chaque ablution, l'enfant sera séché à l'aide d'une serviette douce et chaude, puis saupoudré, surtout dans les plis de la peau et aux régions intimes, à l'aide d'une houppe ou mieux d'un tampon de coton hydrophile légèrement frotté de **poudre de talc** ou de **lycopode.**

On procédera dans la journée à un nouveau lavage des parties du corps qui seraient souillées.

Les **gourmes** seront pansées à l'aide de cataplasmes et les cheveux seront brossés à l'aide d'une brosse fine enduite de vaseline.

Il faut laisser de côté un préjugé assez répandu qui attribue faussement des accidents à la suppression de cette saleté.

Liberté du ventre. — L'enfant devra toujours avoir le ventre libre. S'il est constipé, on lui donnera de petits lavements glycérinés ou on le purgera de temps à autre avec de l'huile de ricin mélangée d'huile d'amandes douces, mais **jamais en aucun cas, on aura recours au sirop de chicorée,** cause si fréquente d'inflammations intestinales.

Vaccination. — A moins d'épidémie, l'enfant ne sera pas vacciné avant deux mois.

Exercices et promenades. — Pour bien se porter, il ne suffit pas à l'enfant d'être nourri convenablement et tenu avec soin ; il lui faut encore de l'exercice et des promenades. Si la chambre est suffisamment chaude, on laisse le nouveau-né démaillotté sur son lit, durant quelques heures de la journée, de façon à lui permettre d'agiter bras et jambes. Plus tard, on le laissera se rouler sur un tapis.

Il faut aussi promener l'enfant à l'air. Le nouveau-né peut être sorti au bout de huit jours, dans la saison chaude (été) ; au bout de quinze jours, dans la saison tempérée (printemps, automne) ; au bout d'un mois, en hiver. Il sera promené, en hiver, de midi à deux heures ; en été, de 9 heures à 11 heures du matin et de 3 heures à 5 heures de l'après-midi.

Comment doit-on porter l'enfant ? — Dans les premières sorties, l'enfant sera porté horizontalement, la tête et les reins bien maintenus.

Plus tard, il sera tenu sur les bras, **bien assis**, de sorte que ses cuisses soient également appuyée et que ses pieds soient à la même hauteur. Il sera porté tantôt sur un bras, tantôt sur l'autre, afin d'éviter toute déformation soit du côté des jambes, soit du côté de la colonne vertébrale.

Les voitures seront employées le moins possible, à cause des secousses quelquefois violentes supportées par l'enfant.

De la marche. — Les petites filles commencent à marcher vers 10 mois; les petits garçons sont plus en retard et ne font leurs premiers pas que vers 12 mois

Tout enfant qui ne marche pas à 12 mois est un enfant malade.

La nourrice fera marcher l'enfant en le tenant sous les bras. Jamais elle ne se servira de chariots, de lisières qui serrent la poitrine et entravent la respiration.

CHAPITRE IV

DE L'ALIMENTATION

Si nous considérons que le nouveau-né est dans l'impossibilité de mâcher et de fournir la salive nécessaire à la première digestion ; si nous constatons que son estomac n'est d'abord qu'une *ampoule* ou petit sac ne retenant que trop peu de temps le lait dont la digestion s'accomplit dans l'intestin, il est facile de comprendre que l'alimentation de choix doit être liquide. Et ce liquide ne saurait être autre que le lait, celui-là même que la nature a donné à la femme pour élever son enfant.

Le meilleur lait est le lait de femme. Malheureusement la plupart des mères refusent l'allaitement ; les unes, à cause de leurs conditions sociales ; les autres par crainte de déformation de la gorge (ce qui est une erreur).

Aussi, de nos jours, les devoirs de la maternité sont tellement négligés, que l'allaitement artificiel par le lait de vache est ou deviendra bientôt, malheureusement, le mode d'allaitement national.

Que l'enfant soit élevé au sein ou au biberon, le lait, cet aliment précieux et indispensable, que rien ne saurait remplacer, doit être, jusqu'au sevrage, presque l'unique nourriture.

Donner aux enfants, dans les premiers mois de la vie, des farines lactées ou des bouillies, c'est les condamner sûrement à une fin prématurée ou au rachitisme.

L'usage de la bouillie, cet aliment indigeste et

dangereux pour de jeunes estomacs à peine capables de digérer de petites quantités de lait, a fait périr plus de nourrissons que toutes les autres maladies ensemble !

Et on trouve toujours des mères ignorantes qui, sous prétexte de fortifier leurs enfants, les tuent tranquillement en les gorgeant de bouillie !

Donc, en principe, il faut admettre que jusqu'à 11 ou 12 mois, l'enfant ne prendra que du lait, sauf quelques rares exceptions dont le médecin sera seul juge.

DE L'ALLAITEMENT AU BIBERON

Le biberon va heureusement disparaître grâce aux efforts du docteur Barthès et sera avantageusement remplacé, suivant ses conseils, par des bouteilles en verre très fort, munies de bouchons en verre, dits de la canette à bière, et ne contenant pas plus de 150 à 200 grammes, dose suffisante pour le repas de l'enfant. Au moment de la tétée, le bouchon est enlevé et remplacé par une tétine.

Ces bouteilles auront le grand avantage de pouvoir être pasteurisées très facilement.

En attendant la mise en pratique de cette heureuse innovation, parlons du biberon en usage encore actuellement.

Du biberon : Soins de propreté. — Le biberon doit être en **verre sans tube, et personnel,** car l'échange de biberons entre enfants peut devenir une cause de contagion ; les antécédents n'étant pas toujours suffisamment connus.

Il ne doit jamais contenir que la quantité de

lait nécessaire à une tétée ; le surplus doit être jeté chaque fois.

Avant chaque tétée, il sera passé à l'eau chaude préalablement bouillie, puis égoutté.

Si le lait laisse des traces après le verre, on introduira dans le biberon un peu de sable fin qui, par le frottement, l'en débarrassera facilement.

DU LAIT

Nécessité de l'ébullition. — La science regorge de faits relatant le nombre d'enfants et même d'adultes atteints de fièvre typhoïde, de scarlatine, de tuberculose, etc., à la suite d'ingestion de lait **contaminé,** ayant cependant toutes les apparences du bon lait.

De l'avis de tous les médecins, il est donc nécessaire (à moins d'être absolument certain de la qualité de ce liquide), de le faire bouillir, afin de le débarrasser de tous les micro-organismes qu'il est susceptible de contenir.

Le lait **sterilisé** remplit ces conditions.

Telle que la pratiquent les ménagères, l'ébullition est insuffisante pour tuer les microbes. Elles considèrent à tort la montée du lait comme équivalente à l'ébullition. Il faut laisser bouillir le lait deux minutes et ne pas le couvrir, car les gouttelettes de vapeur suffisent, en tombant, pour le faire **cailler**.

Conservation. — Le lait doit être conservé dans des vases en **grés** ou en **verre**, préalablement échaudés à l'eau bouillante. On se servira de préférence de récipients à col étroit, contenant relativement peu (à peu près la quantité pour un repas) de façon à être emplis jusqu'au goulot, puis hermétiquement fermés.

Il faudra éviter les vases poreux ou émaillés et plus encore ceux de métal, parce que, si le lait devient acide, il attaque et absorbe le métal et peut être alors une cause d'intoxication.

Il ne faut rien ajouter au lait pour le conserver : tout alcalin neutralisant l'action de l'acide de l'estomac et retardant, par cela même, la coagulation du lait ingéré.

Dépôt. — Le lait sera toujours tenu au frais; il pourra ainsi se conserver 24 heures en hiver. En été, il faut renouveler la provision deux fois par jour.

Température. — Le lait sera donné à une température correspondant à celle de la bouche et qui sera facilement abtenue par le chauffage au bain-marie.

Coupage du lait. — Le lait ne sera pas donné pur à l'enfant : il sera généralement coupé d'eau bouillie dans des proportions variables avec l'âge de l'enfant et que nous résumons brièvement dans le tableau suivant :

COUPAGE DU LAIT JUSQU'A 6 MOIS

	EAU	LAIT
Première semaine.	3 parties	1 partie
Deuxième semaine	2 parties	1 partie
Troisième semaine, *jusqu'à la fin du deuxième mois*. . . .	parties égales	
Troisième mois	1 partie	2 parties
Quatrième mois.	1 partie	3 parties
Cinquième mois.	1 partie	3 parties
Sixième mois et suivants . . .	lait pur.	

On ajoutera par 100 *grammes d'eau,* 5 *grammes de sucre.*

Quantité de lait nécessaire en 24 heures. — Il est bien entendu que nous parlons du lait additionné ou non d'eau, suivant l'âge de l'enfant.

Si on veut bien constater avec nous que **l'indigestion tue plus d'enfants que l'inanition relative,** on reconnaîtra qu'il est nécessaire de se fixer une règle.

Le tableau suivant donne les doses approximatives jusqu'à 8 mois :

ÉPOQUES	INGESTION DE LAIT EN 24 HEURES
Premier jour	50 grammes
Deuxième jour	150 grammes
Troisième jour	400 grammes
Dixième jour	500 grammes
Vingtième jour	600 grammes
Deuxième mois	650 grammes
Troisième mois	700 grammes
Quatrième mois	700 grammes
Cinquième mois	750 grammes
Sixième mois	800 grammes
Septième mois	900 grammes
Huitième mois	1000 grammes

Toutes ces doses peuvent varier, surtout à partir du 10e ou du 11e mois, époque à laquelle il est assez souvent permis de donner un peu de nourriture en dehors du lait.

Nombre et moments des tétées au biberon. — Il ne faut pas donner le biberon à tout moment, car l'estomac de l'enfant, comme celui de l'adulte, a besoin de repos avant de digérer un nouveau repas. On commencera donc par donner le biberon **toutes les deux heures, le jour ; toutes les quatre heures, la nuit** ; puis, au fur et à mesure que l'enfant avancera en âge, les repas seront moins fréquents comme dans l'allaitement au sein ; par exemple : toutes les trois heures le jour, et une ou deux fois la nuit.

A toutes ces règles, il y a des exceptions. Si l'enfant dort d'un bon sommeil au-delà du terme auquel il devrait téter, on ne le réveillera pas pour satisfaire un appétit qui n'existe peut-être pas ; mais si, en dormant trop, l'enfant dépérit, le sommeil prolongé doit être attribué à la faiblesse et, dans ce cas, il ne faut avoir aucune crainte de le réveiller pour lui donner la nourriture qu'il oublie ou qu'il n'a pas la force de demander.

DE L'ALLAITEMENT AU SEIN

Deux cas peuvent se présenter : l'enfant est élevé par une nourrice ou par sa mère.

Allaitement par une nourrice : Qualités d'une bonne nourrice. — Une bonne nourrice doit avoir bonne mine et le caractère doux, être âgée de 20 à 30 ans, d'une constitution robuste, d'un teint plutôt brun que blond et posséder une excellente dentition. Un certificat médical attestera qu'elle est indemne de toute maladie et en état d'allaiter.

Age du lait. — L'âge du lait ne doit pas dépasser de dix mois l'âge de l'enfant : il sera de deux mois au moins pour le nouveau-né et, pour un enfant plus âgé, se rapprochera autant que possible du lait de la mère.

Allaitement par la mère. — La mère qui est décidée à allaiter son enfant fera, pendant les derniers mois de sa grossesse, des lotions quotidiennes d'eau alcoolisée sur les seins de manière à en fortifier la peau..

Durant les quinze derniers jours, elle fera des

aspirations répétées du mamelon, à l'aide d'une téterelle, pour le rendre plus propice à la succion prochaine de l'enfant.

Hygiène de la nourrice : NOURRITURE. — La nourrice s'alimentera avec soin pour donner à son lait toutes les qualités désirables. Elle fera surtout usage de pain, de féculents (haricots, blancs, pommes de terre, lentilles), de bière ; elle s'abstiendra d'ail, d'asperges, de carottes, d'oignons, de salades, de choux et enfin de boissons alcoolisées.

HYGIÈNE DES SEINS. — Avant et après chaque tétée, les seins seront lavés à l'eau alcoolisée.

S'il y a des **gerçures**, des **crevasses**, elles seront soignées entre les tétées.

Si le mamelon est peu saillant, la nourrice se

tétera de temps à autre, à l'aide d'une téterelle, de manière à rendre le bout du sein plus apte à la succion.

EXERCICES. — La nourrice fera de petites promenades et évitera toute émotion pénible.

Direction de l'allaitement au sein. — De même que pour le biberon, il ne faut pas donner le sein à tout propos et la nourrice fera bien de s'en tenir aux règles suivantes :

1er jour. — *1 tétée :* l'enfant prendra successivement les deux seins, de 4 à 8 h. après l'accouchement.
2e jour. — *2 tétées :* les deux seins.
3e jour. — *3 tétées :* les deux seins.

A partir du 4me jour

1er mois.	*le jour :* une tétée toutes les 2 heures.
2e mois.	*la nuit :* une tétée toutes les 4 heures.
3e mois.	

4e mois.
5e mois.
6e mois.
le jour: une tétée toutes les 3 heures.
la nuit: une tétée toutes les 6 heures.

7e mois.
8e mois.
9e mois.
10e mois.
11e mois.
12e mois.
le jour: une tétée toutes les 3 heures.
Remplacer une, puis deux tétées, par une ou deux soupes, vers le 10e ou 11e mois seulement.
la nuit: une tétée seulement.

13e mois.
14e mois.
15e mois.
16e mois.
17e mois.
18e mois.
le jour: une tétée toutes les 3 heures.
Remplacer deux ou trois tétées par des soupes.
la nuit: rien.

La tétée normale doit durer de 15 à 20 minutes. D'ordinaire un sein suffit à une tétée.

Pendant les premiers jours, la nouvelle accouchée, ne pouvant s'asseoir sur son lit, s'inclinera sur le sein qui doit être pris et l'enfant sera couché parallèlement à sa mère.

Dès la première tétée, il faut habituer l'enfant à prendre le mamelon, l'accoutumer à sa forme, à son volume ; le tenir de telle façon que les narines restent libres pour respirer.

Si l'enfant a de la tendance à s'endormir, il faut l'exciter à sucer.

Cessation accidentelle de l'allaitement au sein. — La nourrice cessera d'allaiter définitivement :

1° **Si elle devient enceinte ou contracte une maladie contagieuse ;**

2° **Si l'enfant n'augmente pas de poids** par insuffisance ou mauvaise qualité du lait.

Elle cessera d'allaiter momentanément en cas d'**abcès du sein** et seulement du côté atteint.

RÉSULTAT D'UNE BONNE ALIMENTATION

L'enfant nourri suivant les préceptes que nous venons d'indiquer, doit grandir et augmenter de poids à peu près régulièrement. Ainsi si l'augmentation du poids est de 20 à 25 grammes par jour durant le premier trimestre, on peut affirmer que l'enfant est en bonne voie. Il est donc nécessaire de **peser souvent** le nourrisson afin de se rendre un compte exact de sa progression et le vieux proverbe « **qui souvent se pèse, bien se connaît** » est surtout vrai pour les enfants.

Dès la fin de la première semaine, l'augmentation en **poids** et en **croissance** doit se faire à peu près comme l'indique le tableau suivant :

AUGMENTATION DE POIDS

Pendant	par jour
1er, 2e, 3e mois....	25 gr.
4e, 5e, 6e mois ...	20
7e, 8e. 9e mois ...	15
10e, 11e, 12e mois..	10

ACCROISSEMENT

Pendant	
le 1er mois	0,040 mm
2e mois.....	0,037
3e mois.....	0,020
du 4e au 12e mois,	0,010 à 0,015 mm par mois.

Donc, à la fin de la première année, un enfant venu au monde, pesant 6 livres et mesurant $0^{m}50$ devra peser de 15 à 18 livres et mesurer de $0^{m}65$ à $0^{m}70$.

•

Aspect général de l'enfant. — En pleine santé, l'enfant a une mine rosée, gaie, parfois rabelaisienne, trahissant le contentement de lui-même ; les mouvements sont vifs, précipités, hardis. La peau, d'un rose légèrement marbré, présente aux genoux, aux fesses, aux coudes et aux mains, des fossettes produites par l'embonpoint. Les chairs sont fermes, les côtes et la colonne vertébrale peu saillantes et le ventre légèrement bombé.

CONSÉQUENCE D'UNE ALIMENTATION VICIEUSE

Troubles gastro-intestinaux. — Les troubles digestifs surviennent le plus souvent chez les enfants du premier âge, à la suite d'ingestion de **lait altéré** par le séjour dans des vases non fermés ou non passés à l'eau bouillante, ce qui explique, du reste, l'action plus meurtrière du biberon dans la saison chaude.

L'usage prématuré des bouillies ne fait qu'accélérer ces accidents qui se manifestent sous forme de **diarrhées vertes, de vomissements,** etc., emportant en quelques jours, si ce n'est en quelques heures, les petits malades, à moins de l'intervention prompte et énergique du médecin.

D'autres fois, ces accidents prennent une marche moins aiguë : les selles sont parsemées de **grumeaux blancs,** puis de **stries verdâtres** ; le ventre devient énorme.

Troubles osseux. — Le crâne se développe démesurement ; les membres s'incurvent, les côtes et la colonne vertébrale deviennent saillantes.

Aspect général de l'enfant. — Parmi ces enfants, les uns, atteints dé **rachitisme**, sont « **tout en ventre et en tête** » avec des membres amaigris. Ils rappellent la forme du *crapaud.*

Les autres, minés par l'**athrephie**, sont tellement émaciés que leur peau plisse et forme au visage de nombreuses rides leur donnant l'aspect de **petits vieillards**.

Au lieu d'être gais, ces petits êtres se révèlent par des cris plaintifs, des cris de détresse.

Conclusion. — Si on compare ce tableau au précédent, il est facile de se convaincre de la nécessité d'une bonne alimentation pouvant seule assurer les enfants du premier âge d'arriver en bon état au sevrage.

CHAPITRE V

DU SEVRAGE

Il ne faut pas sevrer l'enfant **brusquement ;** c'est une coutume condamnable l'exposant à une inflammation gastro-intestinale et à un dépérissement certain.

Avec le **sevrage progressif,** tout se passe sans secousse, sans danger et sans que l'enfant se ressente le moins du monde d'un changement de nourriture.

Aussi conseillons-nous d'ajouter au régime du lait, pas avant 12 mois autant que possible, mais jamais, en tout cas, avant le 9e ou 10e mois, quelques cuillerées de panade bien claire et bien passée, puis, un peu plus tard, un, puis deux potages ; puis deux bouillies ou panades et enfin, à 12 ou 13 mois, trois bouillies ou panades : une le matin, une à midi, une le soir.

Ces bouillies seront faites avec de la farine de froment, d'orge, de la fécule de pommes de terre, du tapioca, de la semoule, etc.

La farine d'avoine est certainement préférable et son goût agréable la fait accepter avec plaisir par les enfants qui la digèrent fort bien, préparée au lait ou à l'eau.

On ajoutera également quelques bouillons de poulet et de bœuf.

A 12 mois, on pourra donner quelques cuillerées d'eau rougie, des œufs à la coque, des laits de poule, et du pain trempé dans du jus de viande.

A 18 mois ou 2 ans, le lait peut être supprimé et l'alimentation se composera de soupes, panades, légumes frais, œufs, tartines, fruits.

Quant à la **viande,** on ne devra la permettre que si les **dernières molaires sont percées,** car jusque-là, les aliments mous seuls conviennent, les muscles masticateurs n'ayant pas encore acquis suffisamment d'énergie.

La dentition **étant complète**, voici quel sera le régime alimentaire :

Au lever: une soupe au lait, une panade ou une soupe grasse.

A midi : une soupe, une demi-côtelette de mouton ou quantité équivalente d'autre viande, **hachée menue,** un plat de légumes frais et du pain.

A 4 heures : un repas léger de lait, du pain,

une tartine de confiture ou du pain avec des fruits bien mûrs.

A 6 heures: une soupe, un plat de viande, un dessert, vin coupé d'eau.

Il faudra, autant que possible, donner des aliments à petites doses, varier les mets et les faire prendre à **des heures régulières.**

Choix de la saison pour le sevrage. — Il ne faut pas sevrer les enfants en été (juin, juillet, août) à cause des grandes chaleurs qui occasionnent des entérites ; pas davantage en hiver, par crainte de la coqueluche et autres affections respiratoires.

Les meilleurs saisons sont le printemps et

l'automne, alors que l'on jouit d'une température moyenne et régulière.

Quelle que soit la saison, on ne sévrera jamais un enfant au moment d'une épidémie.

TABLE DES MATIÈRES

CHAPITRE II

CHAPITRE III

CHAPITRE IV

CHAPITRE V

Châteauroux. — Imp. P. Langlois et Cie

A LA MÊME SOCIÉTÉ D'ÉDITIONS

4, RUE ANTOINE-DUBOIS

AUVARD, accoucheur des hôpitaux, et PINGAT (Le Dr). — **Hygiène infantile ancienne et moderne.** Maillot, berceau et biberon à travers les âges, 1 volume in-18 jésus, illustré de 85 figures dans le texte . . . . 1 fr. 50
Cartonné avec dorures spéciales. . . . . . 2 fr. 50

BOUDAILLE (Dr H.), lauréat de la Société française d'Hygyène. — **Catéchisme des premiers soins à donner en cas d'accidents avant l'arrivée du médecin.** Cet ouvrage est publié sous le patronage de la Société de sauvetage, 1 volume in-8 carré, 82 pages, avec 45 figures cartonné . . . . 1 fr.

BRUNEAU. — **Hygiène pratique de la bouche et des dents,** 28e volume de la Petite Encyclopédie médicale ; cartonné . . . . 3 fr.

CANCALON (le Dr A.-A.). — — **L'Hygiène nouvelle dans la Famille.** Préface du Dr DUJARDIN-BEAUMETZ, membre de l'Académie de médecine. — Deuxième édition augmentée. Envoi franco contre un mandat de 4 fr. pour recevoir ce volume cartonné avec fers spéciaux.

CASSINE (le Dr Léon), de Saint-Quentin. — **Le Conseiller de la jeune femme, mères et nourrices,** 17e volume de la Petite Encyclopédie médicale. . . . . . 3 fr.

CHERVIN (le Dr). — **Bégaiements et autres défauts de prononciation.** In-8 de 120 pages, cartonné. . 3 fr.

CORNET (Dr Paul), professeur aux Écoles d'infirmières de la Ville de Paris. — **L'Art d'administrer les Médicaments aux enfants.** Un vol. in-8, reliure anglaise 3 fr.

DAUCHEZ (Dr H.), ancien chef de clinique de la Faculté. — **Memento formulaire de poche de posologie et thérapeutique infantiles,** avec une préface de M. le docteur Ferrand, médecin de l'Hôtel-Dieu, in-16 jésus de 96 pages. Broché. . . . . 2 fr. 50
Relié cuir souple . . . . 3 fr. 50

DAUCHEZ (le Dr H.), ancien chef de clinique adjoint à l'Hôpital des Enfants malades, ancien interne des Hôpitaux de Paris. — **Vade-Mecum de Posologie et de Thérapeutique infantiles appliquées.** Prix. 1 fr. 25

DEGOIX (le Dr). — **Catéchisme maternel** (19e volume de la Petite Encyclopédie médicale . . . . . . 3 fr.

DEMELIN (le Dr), chef de clinique d'accouchement à la Faculté de médecine de Paris. — **La mort apparente**

du Nouveau-né, (*mémoire couronné par l'Académie de médecine, prix de l'Hygiène de l'enfance*, 1 vol. de 174 pages de la *Petite Encyclopédie médicale*. Prix 3 fr.

DROUET (Dr Henri). — **Nourrices sur lieu, conseils aux jeunes Mères**. Nouveau vol. (le Quinzième) de la *Petite Encyclopédie médicale*. . . . . 3 fr.

HUBLÉ (Le Dr Martial), médecin-major de l'armée, etc. — **Précis de la Vaccine et de la Vaccination moderne.** Prix. . . . . 6 fr.

JOCQS (le Dr R.). — **La Vue, son Hygiène, ses Maladies,** 1 volume in-18, de 126 pages. Prix cart. . 4 fr.

MONIN (D. E.), chevalier de la Légion d'honneur, officier de l'Instruction publique. — **Formulaire de médecine pratique.** Préface du professeur PETER. . . . 5 fr.

E. MONIN et DUBOUSQUET-LABORDERIE (les Drs). — **Précis élémentaire d'Hygiène pratique**. Un volume in-8 écu de 475 pages. Prix . . . . 6 fr.

OUDAILLE. — **Aux jeunes femmes** . . . 1 fr.

PERRIER (Dr). Mention honorable du Ministère de l'Intérieur. — **Manuel indiquant les soins à donner avant l'arrivée du médecin,** le traitement des affections chirurgicales aiguës et les règles ordinaires de l'hygiène. Un beau volume de 228 pages, cartonné à l'anglaise. Prix. . . . . 3 fr.

PINEAU (le Dr Henri). — **La Femme et l'Enfant**. — Deuxième édition, in-18 de 360 pages. Prix . . 4 fr

PINGAT (Dr Henri), lauréat de la Faculté de médecine, ancien externe des hôpitaux et de l'hôpital des enfants malades (Trousseau), moniteur d'accouchements à la clinique de la Faculté de médecine, médaille de bronze de l'Assistance publique. — **De la Prophylaxie des abcès du sein** pendant la grossesse et l'allaitement. Grand in-8 de 100 pages. Prix . . . . 3 fr.

POINSOT (Dr P.). — **Les Accidents de la première dentition.**

SELLE (Dr A.-E). — **Le Guide maternel** ou **l'Hygiène de la mère et de l'enfant**. In-18 de 200 pages, avec figures. . . . . 4 fr.

VERRIER (Dr E.), lauréat de l'Académie de médecine, ancien aide d'accouchement de la Faculté. — **Hygiène de l'Enfance et de l'Adolescence** . . . . 3 fr.

A LA MÊME SOCIÉTÉ D'ÉDITIONS

4, RUE ANTOINE-DUBOIS

AUVARD, accoucheur des hôpitaux, et PINGAT (Le Dr). — **Hygiè infantile ancienne et moderne.** Maillot, berceau et biberon à t vers les âges, 1 volume in-18 jésus, illustré de 85 figures dans le tex Prix . . . . 1 fr.
Cartonné avec dorures spéciales . . . . 2 fr.

BOUDAILLE (Dr H.), lauréat de la Société française d'Hygyène. — **C téchisme des premiers soins à donner en cas d'accidents ava l'arrivée du médecin.** Cet ouvrage est publié sous le patronage la Société de sauvetage, 1 volume in-8 carré, 82 pages, avec 45 figu cartonné 1

BRUNEAU. — **Hygiène pratique de la bouche et des dents,** 28e v de la Petite Encyclopédie médicale, cartonné . . . 3

CANCALON (le Dr A.-A.). — — **L'Hygiène nouvelle dans la Famil** Préface du Dr DUJARDIN-BEAUMETZ, membre de l'Académie médecine. — Deuxième édition augmentée. Envoi franco contre mandat de 4 fr. pour recevoir ce volume cartonné avec fers spéciau

CASSINE (le Dr Léon), de Saint-Quentin. — **Le Conseiller de la jeu femme, mères et nourrices,** 17e volume de la Petite Encyclopé médicale . . . . 3 f

CHERVIN (le Dr). — **Bégaiements et autres défauts de prononci tion.** In-8 de 120 pages, cartonné . . . . 3 f

CORNET (Dr Paul), professeur aux Écoles d'infirmières de la Ville Paris. — **L'Art d'administrer les Médicaments aux enfants.** 1 vol. in-8, reliure anglaise 3

DAUCHEZ (Dr H.), ancien chef de clinique de la Faculté. — **Memen formulaire de poche de posologie et thérapeutique infantile** avec une préface de M. le docteur Ferrand, médecin de l'Hôtel-Die in-16 jésus de 96 pages. Broché . . . . 2 fr.
Relié cuir souple . . . . 3 fr.

DAUCHEZ (le Dr H.), ancien chef de clinique adjoint à l'Hôpital d Enfants malades, ancien interne des Hôpitaux de Paris. — **Vad Mecum de Posologie et de Thérapeutique infantiles appliquée** Prix . . . . 1 fr.

DEGOIX (le Dr). — **Catéchisme maternel** (19e volume de la Peti Encyclopédie médicale . . . . 3 f

DEMELIN (le Dr), chef de clinique d'accouchement à la Faculté médecine de Paris. — **La mort apparente du Nouveau-né,** (*m moire couronné par l'Académie de médecine, prix de l'Hygiène l'enfance*, 1 vol. de 174 pages de la *Petite Encyclopédie médica* Prix 3

DROUET (Dr Henri). — **Nourrices sur lieu, conseils aux jeun Mères.** Nouveau vol. (le Quinzième) de la *Petite Encyclopédie méd cale*. . . . . 3 f

HUBLÉ (Le Dr Martial), médecin-major de l'armée, etc. — **Précis la Vaccine et de la Vaccination moderne.** Prix. . . . . 6 f

www.ingramcontent.com/pod-product-compliance
Ingram Content Group UK Ltd.
Pitfield, Milton Keynes, MK11 3LW, UK
UKHW021146220726
13924UKWH00003B/1041